JN440978

오늘의문학 시인선
432

맑은 거울

송은주 시집

오늘의문학사

국립중앙도서관 출판예정도서목록(CIP)

맑은 거울 : 송은주 시집 / 지은이: 송은주. -- 대전 :
오늘의문학사, 2018
p. ; cm. -- (오늘의문학 시인선 ; 432)

ISBN 978-89-5669-943-1 03810 : ₩9000

한국 현대시[韓國現代詩]

811.7-KDC6
895.715-DDC23 CIP201802967

맑은 거울

부모님과 가족들에게 바치는 글

| 추천의 글 |

의식의 변주, 시창작의 자유로움

- 송은주 시인의 작품을 감상하며 -

문학평론가 리 헌 석
(사) 문학사랑협의회 이사장

1.

〈소리 없이 내리며 반짝이는/ 은혜의 단비가/ 가슴 깊이 내리면// 감사함으로/ 눈가에 젖어드는 마알간 이슬이/ 천사의 두 손에 옮겨져/ 하늘로, 하늘로 올리운다.〉는 신앙 체험의 놀라움을 송은주 시인의 작품에서 공유한 바 있습니다. 이와 함께 〈아련히 떠나던 님을/ 미련 없이 보낸 그날을/ 찻잔 속에/ 눈물 한 방울로 담는다.〉는 애상어린 이별의 정서를 만나, 공감의 메아리를 가슴에 담았던 기억이 새롭습니다.

그 감동의 여진(餘震)이 사라지기 전에, 송은주 시인은 1권 분량의 시집 원고를 들고 와서, 시집 발간의 뜻을 밝혔고, 이 작품들을 독자들보다 먼저 읽었습니다. 전체 작품들을 감상하며 평범성을 뛰어넘는 의식의 변주(變奏)에 매료되었고, 그 정서적 진동(震動)을 독자들과 함께 나누고자 합니다.

2.

송은주 시인의 작품에서 드러나는 특징 중의 하나는 '의식의 흐름(stream of consciousness)'을 작품화하는 초현실주의 요소가 작품에 부분적으로 투영되어 있다는 점입니다. 묘사나 서술이 중심인 작품은 진실성을 확보할 수 있으나 미학적 감동이 작거나 없게 마련이고, 의식의 흐름을 강조한 작품들은 주제의 모호성으로 인하여 작품 감상의 난해(難解)를 불러오게 마련입니다.

그래서 송은주 시인은 그 중간 경계를 오가며, 독자적인 작품 창작에 나섭니다. 비유와 상징을 적당하게 도입하고, 생략과 진술을 교묘하게 배치하여, 약간은 모호한 듯하면서도 주제를 찾아낼 수 있게 합니다. 때로는 '작품의 광장'에 설치되어 있는 '정서적 미로(迷路)'를 찾아내는 성취감을 맛보게 형상화하고 있습니다.

가난한 영혼을 담은 별들
살아 움직이는
꿈같은 구름 사이
유난히 빛나는
나이 든 별

어둠이 내려앉은 마을
가장 높은 교회탑
그 달을 향해
땅 위에 제단을 쌓는다.

아버지!

가슴 아픈 이별
묻혀버린 사랑
온전히 계시어
영원히 지키소서.

별이 빛나는 그 속에서
더욱 눈물겹고 싶습니다.
—「고호의 '별이 빛나는 밤'에」 전문

시창작과 그림창작을 겸하는 시인의 내면이 융합된 작품입니다. 그가 고호의 그림을 보고 이 작품을 빚었는지, 혹은 캄캄한 밤에 별이 흐르는 하늘에서 고호의 그림이 연상되었는지 확실하지 않습니다. 그러나 눈앞에 펼쳐진 정경이나, 혹은 그의 내면에 남아 있는 고호 그림의 잔상에서 '아버지'를 찾아내어, 그만의 놀라운 발상을 구체화한 것은 분명합니다.

'가난한 영혼을 담은 별들'은 유년기의 가난을 포괄합니다. 작품 「밥상」에서 〈밥상을 들고/ 방안으로 들어오시는/ 어머니의 머릿수건이 반은 풀렸다.// 수북이 쌓인 흰 쌀밥 앞에/ 당연스레 앉은/ 세 살 아이〉 〈어느 새 아이는/ 아버지의 무릎 안으로 쏘옥 들어가/ 입을 크게 벌리고/ 새끼제비가 되어 있었다.〉고 표현합니다. 이 작품의 시적 주체는 흰 쌀밥을 먹는 아버지와 동생을 관찰하는 인물이고, 아버지의 무릎 안에서 대접받는 동생이 부러운 캐릭터입니다.

두어 가지 반찬 오른 밥상
냉큼 와서 아비자리 앉은 아이
눈 흘기는 어머니를 보고

고개 저어 말리시는 아버지

참기름, 깨소금, 간장 넣어
밥 냄새, 참기름 냄새 솔솔 나자,
어느새 아비 품에 앉은 작은 입 하나
—「내 사랑하는 부모님은」 일부

아버지와 동생의 식사 장면을 보고 자란 시인이지만, 그는 이를 부러워하거나 시기하지 않습니다. 〈뒷산에서 소쩍새 울 때면/ 아비, 먹거리 가져와/ 지게에 아이와 가득 싣고/ 흘러간 옛 노래 부르시며/ 한껏 볕에 그을린 처(妻, 시인의 어머니)와 귀가하여 저녁밥을 해먹는 생활에 안분지족(安分知足)하는 성품이기 때문입니다. 동시에 그는 〈연년생 동생 둘을 안은/ 모정을 눈치 채고/ 이순이 되도록/ 뒷걸음질 치며/ 다가가지 못했다.〉는 고백으로 어머니에 대한 사랑과 그리움을 승화시킵니다.

이런 사랑은 남편으로 이어져 〈남편의 새끼손가락이/ 꼭 친정아버지의 새끼손가락을/ 닮은 성실〉함이었기 때문에, 첫 선을 본 후, 다른 조건과 무관하게 결혼했다고 밝힙니다. 그는 〈목숨이 다 해도/ 잊을 수 없는 꽃이 되어/ 그대 가슴에 피고〉 싶다고 영원한 사랑을 기약합니다. 이런 남편이 출장을 갔다가 돌아오면 아이들이 반가워서 환하게 웃으며 달려드는 정경에서, 〈그는 나의 사랑/ 아이들의 아빠〉라고 행복의 현주소를 찾아내고 있습니다.

3.

송은주 시인은 자신에 대한 엄격한 시선을 유지합니다. 〈거울 속 마음이 고집스럽다./ 거울 속 내 마음이 편견덩어리다.〉 자성(自省)의 잣대가 섬세하고 엄격합니다. 그러나 〈한 편의 글을 읽고/ 한 편의 시를 쓰고/ 한 편의 노래를 느끼며/ 그런 마음이 갈리고 갈린다.〉고 진술합니다. 맷돌에 콩이나 팥을 갈고 갈면, 가루만 남듯이, 그는 시(詩)의 맷돌에 고집과 편견을 갈아〉 형체 자체를 없애고자 합니다. 그런 후에 〈다시 거울 앞에 섰을 때/(자신이) 환하게 비추어 있었다.〉면서 시의 명경(明鏡, 맑은 거울)을 추구합니다.

그의 작품은 다양한 제재를 담아내고 있습니다. 금방 이해되는 작품도 있고, 원인과 결과를 곱씹어야 주제를 찾아낼 수 있는 작품도 있습니다. 송은주 시인과 예술적 감동을 공유하기 위해서는 정독(精讀)을 권합니다.

그는 앞으로 기독교 신앙에 바탕한 성시(聖詩)를 빚고자 합니다. 구약 성경의 '시편'을 노래한 다윗과 솔로몬처럼 신앙의 신비와 놀라운 은혜를 작품에 담고자 합니다. 그의 작품 창작에 성령이 임하시기를 축원하며, 송은주 시인의 첫 시집에 수록되어 있는 작품 감상을 마칩니다.

제1부 겨울

제2부 봄

제3부 여름

제4부 가을

제5부 성시(聖詩)

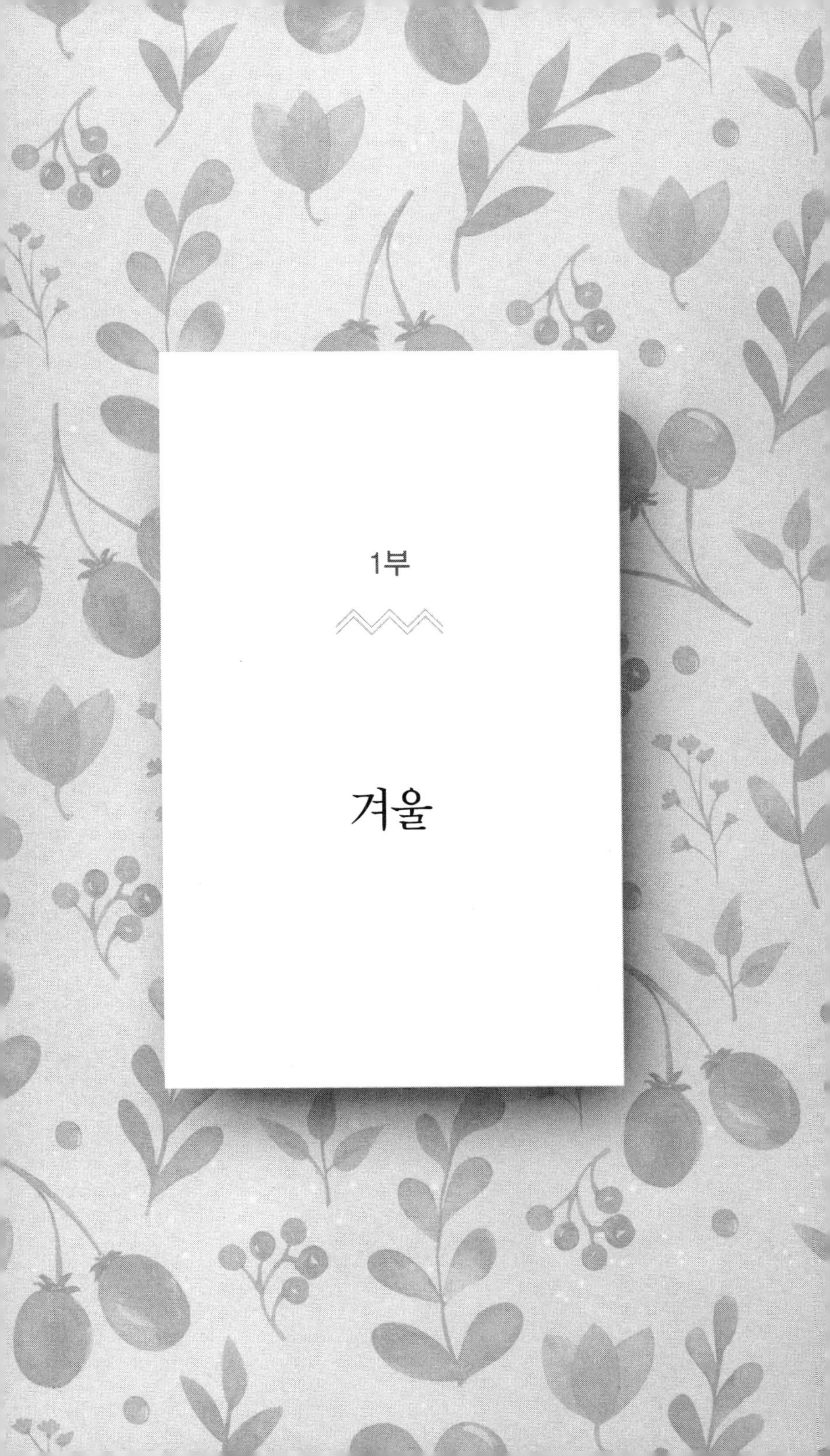

1부

겨울

조지 윈스턴의 December

우수에 찬 가을에서의 탈출
그리고 서서히 그려지는 풍경

하얗게 눈이 내린 나지막한 언덕에
얼음처럼 서있는 겨울나무들

햇살처럼 영롱한 선율로
부서지는 은빛 음율 조각들

언젠가 가보고 싶은
눈꽃 세상으로 떠나는 동경을

순수한 꿈이 감사함으로
전해지는 피아노의 환한 얼굴

지금은 눈꽃나라
그곳에 있었다.

분명히!

절대적인 사랑

목숨이 다 해도
잊을 수 없는 꽃이 되어
그대 가슴에 피고 싶어라.

나, 웃지 못 해도
당신 곁에서
행복의 향내를 나누리라.

눈이 오는 겨울에
사슴이 밟고 지나간
무덤가에서
얼음처럼
당신을 지키리라.

내가 꽃과 미소로, 그리고 얼음으로
당신 곁에 있기에 기쁨은
오직, 나의 사랑이
하나님의 부러움을
사고 싶음이라.

연꽃차를 마시며

지난 꽃잎들의 사연이
은은히 번지는
추억

창밖엔 눈이 내린다.
이별을 하기까지
연잎의 시련이 아프다.

잊혀질지
꿈에도 모를 꽃 한 송이
그 꽃을 따서
기도드리리.
다시는 죽음을
탄식하지 않으리.

아련히 떠나던 님을
미련 없이 보낸 그날을
찻잔 속에
눈물 한 방울로 담는다.

어느 겨울날 오후

도시 한 켠 시인의 집
은근한 원두커피 향이
책장을 넘긴다.

유리 없는 사이로
하얀 꿈들이 내린다.

운명,
담장 위에
소복이 쌓인 이름
가슴에 품은 소망

기약하며
나서는 길에도
아쉬운 바람
발아래 엉기어 운다.

냉정히 옷 여미고
차에 오르니
라디오에서 들려오는
군고구마 같은 사연들.

긴 출장

이른 새벽길 떠나려
일어난 시간
4시 30분

뒤척이는 아이들의 볼에
입 맞추고
볼을 부비고
아내의 이불을
덮어주고
무거운 가방을
어깨에 두른다.

그의 발걸음은
무겁고 깜깜한 안개 속
언제 다시 돌아올까?
이곳이
나의 집인데
나의 안식처인데

그는 그렇게
출장을 가고

아내는 아침을 하러
일어나려는데
눈물이 난다.
아이들을 끌어 안아본다.
언제 이렇게도
많이 컸는지.

아빠는 이제
찾지도 않는다.
혼자서 감당할 수 있는 듯
물어볼라치면
커다란 눈물을 흘리며
입술을 크게 다문다.

하루가 가고
일주일이 가고
열흘이 가고

일요일쯤에
그가 온다.

아이들이
반가워서 환하게 웃으며
아빠에게 달려든다.
그는 나의 사랑
아이들의 아빠다.

결혼

이른 아침 살며시 고개들 때
그대 옆에 있어 감사해요.

수많은 만남
추억이 추억을 낳고
사진을 예쁘게 장식할 수 있게
도와줘서 감사해요.

거친 파도처럼 밀려드는
시련들도
아무것도 아님을 알게 해줘서
감사해요.

눈짓 한번
두 손 꼭
만족해서
감사해요.

과거 자유의 늪에서
구원해줘서 감사해요.

죽음이 현실이라도
태연할 수 있을 것 같아
감사합니다.

밥상

어린 동생이
솜이불 속에서 잠이 들었는데

밥상을 들고
방안으로 들어오시는
어머니의 머릿수건이 반은 풀렸다.

수북이 쌓인 흰 쌀밥 앞에
당연스레 앉은
세 살 아이

그 모습을 보는 어머니께
큰소리 못 내게
눈짓하시는 아버지의 손,
참기름, 깨소금, 간장을 넣어
자그마한 그릇이 온통 고소한
향내로 가득하다.

어느새 아이는
아버지의 무릎 안으로 쏘옥 들어가
입을 크게 벌리고
새끼제비가 되어 있었다.

눈이 나리는 날에

함박꽃 웃음을 보네.
눈이 나리는 날에
눈이 쌓이는 날에
종종이는 걸음 속에
외투에 손을 녹이며
어디론가 향해가는 얼굴엔
함박꽃 웃음을 보이네.

눈이 오는 날엔
따뜻한 차 한 잔이
기다리는 그곳에서
창밖에 나리는 눈을 보며
지난 시간,
지난 한해를 추억하네.

도끼와 이름

마음속에 바위가 있어
도끼로 파헤쳐볼까?

도끼는 무겁다
상처가 난다.

이름이 알려진다
마음에 기억한다.

이름으로 이어져
바위에
마음속 바위에
에워싸인다.

기억에서 뻗어나는 기억들로
추억을 만들어
바위는 꽃이 된다.

그리고 곧
빛이 된다.

얼굴

거울에 비추어본다.
그림으로 그려본다.
얼굴부터 그린다.

처음 보는 사람도
얼굴이 눈에 들어온다.

얼굴을 그릴 때
마치 해를 그린다.

표정을 담고
그림은 잔다.

마음을 담고
숨을 쉰다.

거울을 보고
그림으로도 보며.

친구

어제그제
만난 날 많았지.

보고 싶은 그대

힘들고 서러울 땐
어찌 사는지.

다시
만날 날 있어도
언제쯤일지.

나
그대와 마주하고자
오늘도
매만지는 스마트폰.

2부

봄

계족산에서

오월
그곳에서 추억한다.

하얀 꽃 좁싸리 숲
그 뒤편에 흐르는
싱그러운 소나무들의 향내

낯설게 다가오는 만남들

그때는 오지 않았던
소나기까지 내린다.

기다림에 지쳐
얼룩졌던 그곳이
한꺼번에
씻기어 내려간다.

- 좁싸리 : 조팝나무의 다른 명칭

난

새 하얀
꽃을 가슴에 품고
신록 입은 버선발로
실바람 따라
춤추는 여인아!

차가운 고깔 쓰고
승무 추며
호랑나비처럼
천천히 허물을 벗네.

풀빛으로 물들어
고고한 넋을 기리네.

스산한 세월 속에
먼 하늘을 응시하네.

고목

수고로운 세월
까치 목소리 같은 빛으로
분출하는 전설

대지의 안쓰러운 숨소리
더 이상 뻗어나가지 못하는 꿈

그 안은 다툼 없는
삶의 따스한 공간

물 한 방울로 새싹이 움트며
사계를 지나는 별의 향기 속으로
사라지는 오늘.

3월에는 얼레리 꼴레리

사과꽃 필 때면
얼레리 꼴레리.

은빛 조각조각
청초히 담은 사랑꽃.

진한 향내로
남모르게 몰고온 그놈들
얼레리 꼴레리.

물오른
산모퉁이 돌면
나타나던
얼레리 꼴레리.

추운 삼월에
사과꽃 필 때면
얼레리 꼴레리.

그놈들 나타나
사랑꽃
다 떨어지네.

사과꽃 필 때면
얼레리 꼴레리.

씨름도

나와서
한판 붙어본 놈이
나가떨어질 때까지

소 한 마리
쌀 두어 섬 걸고

마당쇠
먹쇠
머슴들은 물론
팔 걷은 양반까지 나섰다.

구경꾼들
신이 나서
서로 옆 사람과
내깃돈 풀고

아이들 옹기종기
다리 꼬고 앉아

내가 저놈 아는디
황소여 황소

그 소리에 쌈짓돈까지
술술 풀리고

옆고을 너머까지
시끌시끌한 씨름판.

신진도의 새벽

늦은 밤의 청정한 기도
꽃 축제를 지나
신진도에서의 하루

잠시 창밖을 향한 시선
잠든 가족들을 두고
살금살금 계단을 내려와
쌉쌀한 바람 냄새와
해무에 번진 가로등 아래
길을 걷는다.

품에 안기듯 펼쳐진 바다
등대불은 손 흔들고
갈매기들이 아침을 달라한다.

바닷바람이 스산하고
드디어 태양이 물 위로 등장한다.

사라진 해무들은 인어공주들
신진도의 아침을 본다.

명경(明鏡)

거울 속 마음이 고집스럽다.
거울 속 내 마음이 편견덩어리다.

한 편의 글을 읽고
한 편의 시를 쓰고
한 편의 노래를 느끼며
그런 마음이 갈리고 갈린다.

이윽고 다시 거울 앞에 섰을 땐
환하게 비추어 있었다.

이런 모습
저런 모습
제각기 다른 모습의 삶
시는 명경이라

그 사람을,
그 이웃을 비추어
삶을 드러내 노래하고
마음을 움직인다.

내 사랑하는 부모님은

다 자란 마른 풀들이
저만큼씩 발 옆으로 쌓여가고
감자만한 손으로 나선 아이
잘 심은 고추모를 뽑는다.

연분홍 빛바랜 레이스 양산 펼쳐
햇볕 따라 옮겨가며
아이를 달래고 재우며
나무그늘에 눕힌다.

뒷산에서 소쩍새 울 때면
아비, 먹거리 가져와
지게에 아이와 함께 가득 싣고
흘러간 옛 노래 부르시며
한껏 볕에 그을린 처와
개울 따라 밭둑길 따라
논둑길로 걸어올 때
산새들의 노래도 노을 속으로
사라지고
동네 어귀부터는
집집마다밥 짓는 연기가

하늘로 하늘로
올라간다.

두어 가지 반찬 오른 밥상
냉큼 와서 아비자리 앉은 아이
눈 흘기는 어머니를 보고
고개 저어 말리시는 아버지.

참기름, 깨소금, 간장 넣어
밥 냄새, 참기름 냄새 솔솔 나자
어느새 아비 품에 앉은 작은 입 하나
가득
넣어주신다.

친정엄마의 손

여윈 시간들만큼
검버선 핀
두 손

오랜 시간 흙과 함께 하고
물 마를 날 없어

보듬어 주지 못한 아쉬움

연년생 동생 둘을 안은
모정을 눈치 채고
이순이 되도록
뒷걸음질 치며
다가가지 못 했다.

이제야
만져보는 엄마의 따뜻한 손

눈물지으며
얼굴을 마주 보곤
꼭 안아주는
어머니.

진달래꽃 1

몰래 몰래
남몰래

사슴처럼
산새처럼

산속에
나무 뒤에

몰래 몰래
남몰래
숨바꼭질 하잔다.

술래잡이 놀리는
연분홍 봄처녀.

개나리꽃

봄이 오면 어김없이
노오란 별들이
줄 지어 떼 지어
담장을 넘는다.

바닥에 곧 닿을 듯
가득히 뛰어든다.

하하호호
아기별들이 대낮에
은하수 줄기 잡고
나란히 줄지어
담장을 넘는다.

바닥에 곧 닿을 듯.

잠이 안 와요

우리 딸 아장아장 걸음마하며
손에 들고 다니던 책이
너덜너덜 해질 때까지
읽고 또 읽어주었더니
이젠 거꾸로 보면서 책장을 넘긴다.
제대로 외운다.
아니 읽는다.
제목은 잠이 안와요.
그리곤
바쁜 일을 마친 뒤
혼자 잠이 든 딸아이 곁엔
그 누더기가 된 책이 놓여있다.
이불을 덮어주고 토닥여주다가
이내 잠이 들었다.

고등학생이 된 딸아이가 늦는다.
잠이 안 온다.

아이가 길 가는 일

길옆 예쁘게 핀 친구들
바람 불면 춤을 춘다.

무심코 바라본 하늘가엔
구름양들이 떼 지어 지나고

시냇가 따라 사뿐사뿐
뛰어보고 앉았다 일어나보고
흥얼흥얼 소리 내어 노래도 불러보고

쪼르르 산 다람쥐가 앞지르곤
큼지막한 나무 뒤에서 기웃거린다.

호롱호롱 호로롱
쪼롱쪼롱 쪼로롱
산새들이 호들갑스러울 땐

저 멀리 자전거 타고 오시는
오빠의 모습이 반갑다.

마지막 청소를

먼지같이
가벼운 마음을
주워 담을 수 없어서
참을 수 없는
능욕으로부터
벗어나려고
시작한 것이
쌓이고 쌓여

버려질
안타까운
쓰레기들이
되어버렸다.

이번이
마지막이길
바래보며

청소를
시작했다.

달빛

무지개 너머
안개 앉은 언덕 위에
외딴 집
빛이 새어나온다.

지나던 나그네는
서둘러
산길을 향한다.

혼자서 간다.

나무들은
기개 있게 뻗어서
일백년을
훨씬
더 산다.

호롱불이
꺼지면
빛이
더 밝은 빛이

세상을
그린다.

복사꽃이

누군가 웃지요.
꽃이 예뻐서 웃지만
꽃은 놀라
꽃잎이 질 수밖에요.

시간이 지나서일 수도
있지만
품은 가슴이 서러움일 수도
있지요.

나는 너를
알지 못해
미안하지요.

힘들어
바람에 기대었지만
그 바람은
아니었는데

연분홍빛
꽃잎 끝에

맺힌 아름다운 인연이
열매가 되지요.

또 복사꽃이 지면
계절은 다른 한 계절을
맞이하고.

진달래꽃 2

산속에서
봄처녀가
숨바꼭질 하잔다.

연분홍 저고리에
연둣빛 치마 입고

나무 사이
이쪽저쪽
숨었다 보였다.

바람 불면
연분홍빛 저고리가
살며시 나무에
젖어든다.

봄 아지랑이
하늘로
하늘로
올라간다.

꼬마

너는 작지 않다.
너는 마음도 깨끗하고
순수하여
그 누구보다 크다.

너는 작지 않다.
남과는 다르게
꿈을 꾼다.
남모르게 자란다.

친절한 말

싫어하지 않는 그런 말들
서로가 그랬으면 하는 말들

다툼이 있을 거면
필요한 말들

웃어도 보고
미소도 지어보며
숨기지 않는 그런 말들

비로소
참을 수 있는 그런 말

친절한 말은
인색하지 않은
그런 말이길.

친정아버지

무거운 가족들의 삶을 양어깨에 짊어지고
한 평생 성실하고 정직하게 달려오셨다.

어느 날 선생님께서 물어보셨다.
존경하는 분이 누구냐고

아이들은 손을 들고 서로 발표하기 바빴다.
세종대왕, 아인슈타인, 헬렌켈러, 링컨
퀴리부인, 신사임당

정말 훌륭한 분들이셨다.
나는 들고 있던 손을 내렸다
그러자
선생님께선 내게 물으셨다.
나는 당당하게
아버지요!
대답하였다

여전히 회사에서 청소 일을 하시는 아버지는
나의 자랑이셨다.

아내

부엌데기가 아내입니다.

식사담당을 하고
청소담당을 하고
살림담당을 하는 것이
아내입니다.

가족 중 제일 먼저
눈을 뜨고
저녁에 제일 늦게
잠을 청하는

가족은 아는지 모르는지
아내도 남편처럼 피곤합니다.
여자라서 힘겹습니다.

40년을 50년을
아무런 대가도 없이

마지막에 눈을 감을 때
한마디 인사를 듣습니다.
그 동안 수고했노라고.

3부

여름

하늘

그물이라도 드리워볼까?

내가 드리울 그곳은
별이 있고 달이 있는
하늘 한 가운데

그곳을 헤엄치는
새들의 자유가
부러운 나는 어부가 된다.

어제
그리고 오늘도

하늘에 그물을 드리워본다.

새 1

드높고 안전한 저 하늘에
자유라는 넉넉한 먹이를 두고
유유히 날고 있는 이들

세상 시작에서 끝을 한없이
떠도는 가련한 구름의 눈짓도
보지 못한 채

동강난 파도,
알을 모으려는 듯
한번 잡으면 놓지 않으려는 몸짓

평범하게 일어선 태양을 향해
오늘도 날갯짓을 시작한다.

해바라기 노을 따라

그리스 신화 중에
태양신을 사랑한
영혼

이젠 노을 따라
추억에 묻혀
꿈을 꿀 뿐
더 이상 넘을 수 없는
사랑의 저편

그곳에서 지는
해바라기 꽃 이야기.

고흐의 '별이 빛나는 밤'에

가난한 영혼을 담은 별들,
살아 움직이는
꿈같은 구름 사이
유난히 빛나는
나이 든 달!

어둠이 내려앉은 마을
가장 높은 교회탑
그 달을 향해
땅 위에 제단을 쌓는다.

아버지!

가슴 아픈 이별,
묻혀버린 사랑
온전히 계시어
영원히 지키소서.

별이 빛나는 그 속에서
더욱 눈물겹고 싶습니다.

카르멘의 양귀비

돈 호세가 사랑한 장미
중국 황제가 반한 양귀비

향기로운 모습 속에 가려진 칼날

플라맹고 의 리듬에 맞춰
춤추는 여인의
붉은 치마의 물결

귓가엔 장미
아닌 양귀비의 탄생

피어나는 죽음의 연기
그 마지막 아쉬움

떠나는 발걸음을 붙잡지 않았어도
그때 옆에만 있었으면

투우사의 승리와
환호성을 뒤로하고.

사막에 사는 여우

사막을 여행하면
언제 어디선가
다가오는 눈빛들

집요하게 에워싸여 있어도
아무 저항 못하고

허물어지고
모습이 바뀌고

홀로선 그곳에서 만난 친구

죽음이 다가올 것 같아
잠시 쉬었다 가려하면

먼 곳에서
천천히 내 숨을 막고
이곳저곳을 향해
나타났다 사라진다.

너는 바람
사막에 사는

못된 여우.

너는 사막의 바람.

바라리

- 유관순열사를 읽고 -

그립다
청산아
매봉산아

그의 고운 꽃 이마에
입을 맞추며
눈물이 흐르고
흘렀네.

천안을 적시고
전국을 적시고
조국애로 물들었다.

그리운 산아
산허리가 끊어져도
몰랐는가?

그 아픔을
다시 돌이키려는가?

내 나라
내 민족
내 얼굴
내 이름

통일이라는 이름으로
이어지리라.

새가 나는 이유

내가 날고자 하는 곳에서
나는 날갯짓을 시작했다.

나는 놓지 않으리라.
한번 잡은 꿈을

내겐 포기는 없다.
내일의 태양은
오늘도 떠오른다.

내일이 있어
행복한 삶을 위해
오늘도 날아오른다.

새는 내일이 있어 행복한 오늘을 난다.

산새소리

나는 너를 타고 여행 간다.
천국으로

그곳에서 너의 모습을 본다.
행복이란 이름으로

나는 너를 향해 미소 짓는다.
희망의 꿈을 샀다.
값없이

나는 너의 노래에 몸을 싣고
무너진다.
영원 속에서 다시 숨을 쉰다.

새 2

너의 소리는 천국을 이어주는
무지개 빛줄기
귓가에서 행복을 짓네.

날갯짓은 그곳
낙원을 가리키고

넓은 곳
높은 곳
세상에는 없는 그곳을
마음으로 그리네.

아픔도 슬픔도
결국 이슬인 것처럼

기쁨과 즐거움만 있는
물 맑은 언덕에서
시선은 머물고

언제나 너와 함께 하니
이곳도 좋아라.

송호리 솔밭에서

그 옛날
백제와 신라의 격전지
삼도봉을 따라
푸른 비단결 같은 강이
깊이 있게 흐르는 곳

신라가요 양산가에 등장하는
100년 소나무 숲 사이로
금강은 언제라도
다시 돌아올 기세로
힘 있게 흐른다.

곧게 뻗은 소나무 하나하나가
철갑옷을 두른 장군들처럼
기개 있게 하늘과 땅을
지키며 서있다.

나무 향과 신선한 솔바람은
어른들의 여유로운 표정과
아이들의 밝은 웃음소리와
송호리에 잘 녹아든다.

물

바람이 움직여
구름을 보내고
비를 내면
물이 된다.

바다에서
강에서
눈에서
얼음에서

변함없이
신비로운

세상에 가장 필요한 존재가
물로 태어난다.

4부

가을

낙엽들 중에

밟히고 싶은 노오란
은행잎

노을로 불타는 가슴을
보여주고픈 단풍잎

이런 나뭇잎 같은 이에게

낙엽들 중에
제일 이쁜 걸로
편지를 써 보낸다.

코스모스

하늘에서
노을 옷을 지어 입다.
보내준 꽃잎들

길가에 나란히
줄 지어 있다가

어찌 그리
반갑게 맞아주는지.

미처
인사 못해

미안해서
어쩌나!

산머루, 다래나무숲에서

벼 익는 들에 앉아
참새 한 마리와 놀려니
아비가 머루 넝쿨 끊어와
시린 배를 달래고

두어 시간 오른 산마루엔
으름, 다래 천지다.

이 다래
모두 따려면

저기, 날고 있는
까마귀마저
하늘가겠지?

저녁노을 1

소리 없이 달이
밤을 지새울 때면

종종이는 해 그림자

더욱 고와
안쓰럽고

산허리
매운 바람
슬피 우는가?

소쩍새 소리 너머로.

연리지

잎으로라도,
아니 뿌리로라도

닿을 수 없는 곳의 당신

꽃 피려
천륜을 어겨버린
나무의 사랑

두 나무 사이로
은하수가 흐른다.

첫사랑

우체국 계단에 앉아
기다리던 통화
싱그러운 가로수 아래서의 간절한 기도

수줍음과 긴장으로
집착의 가시에 찔려
사라질 장밋빛 심장

그로 인해
휘청거리는 태연함
처음 만났던
봄날의 향기로운 추억을 찾아
오른 곳에서
거친 소나기에
쓸려 내려간 그리움

첫 눈 오는 날 헤어진
사진도 없는 사연

노을 빛 낙엽으로
다시 그리고픈 인연

별

나의 꿈을
그대에게 맡기리.

생생히 타는 열기가
새까만 밤하늘에
더욱 영롱하니

그대는 나의 길잡이

항해하는 내 삶의 노래가
영원히 그대와 함께 흐르리.

저녁노을 2

밥 짓는 연기가
타닥타닥
하늘 저편에 오르면

가을빛 구름들이
하늘을 덮을 때 쯤

그곳을 지나는 떼를 지은 박쥐들
뒷산 동네어귀를 난다.

바람이 불고
흩날리는 나뭇잎을
지켜보던 아이들이
집으로 돌아갈 때

낮에도 나무 밑에 서면
별과 은하수를 볼 수 있다는 시인이 사는
이 마을을 한가로운 가을노을이
친구하자 한다.

이별

당신을 외면하리라.

아련한 추억의
파노라마

눈을 감으면
우연히 떠오르는
그대 밑그림

다시는 찾지 않으리라.

더 이상 품을 수 없는
사랑의 전선 끝자락에
묻혀버린 두 글자.

송편

송편은 내가 빚은
내 아가 얼굴

새하얀 가루 반죽에
옹기종기 모여앉아

보름달에
예쁜 소원 빈다.

들꽃처럼 1

조용히
소리 없이
피었다지는 꽃

처음 보아도
그냥 지나쳐 버리는
순수한 풀꽃

너무 많이 피어
너른 벌판에
가득한
평범한
그 꽃을
닮아 피고지고.

들꽃처럼 2

작은 풀꽃처럼
그렇게 피고지고

작은 향기
가슴에 품고
살고지고

그래도
꽃이라도
한번
피어 보고픈 삶

평범함
하지만
강인함

힘든 세상
소리 없이
피고지고.

노을

너를 닮아
그윽한 미소로 번져
추억으로
너를 그린다.

그동안은
소언(疎言)하고
안타까움에
먼 곳만
바라보았을 뿐이야.

이젠
너와 함께
가리라.
어디라도
함께
하리라.

너는
나의 노을
나의 추억
나의 사랑.

갈대(용기)와 바람(자유)

너는 나를 위해 들어라 - 경청
너는 나를 위해 꺾이지 말라 - 의지
너는 나를 위해 멈추지 말라 - 신념
너는 나를 위해 숨 쉬어라 - 행동
너는 나를 위해 울지 말라 - 실망
너는 나를 위해 노래하라 - 기쁨
너는 나를 위해 춤추어라 - 즐거움
너는 나를 위해 꿈꾸어라 – 미래

슬픈 사랑이야기

짝사랑으로 시작했으나
그도 나를 사랑하고 있었던 것을,
눈치 못 채서 힘들어 하고
괴로워하고
결국 청혼을 거절할 수밖에.

없었을 땐 나는 이미 병마와 싸우는 중,
사진 한 장 남지 않은 추억이
이제 아련한 이름 석 자뿐

'미안해요' 하는 말에
'미안했어요' 라는 말뿐
지금 서로의 다른 시간을 걷고 있다.

살아줘서 기억해줘서 고맙다고
나의 아픈 사랑아
이제는 노래하리라.
너를 그리고
나를.

연애편지

한동안
안 오던
편지를
받아보곤
설렜다.

이팔청춘도
아닌
결혼해서
불혹을
언제
지났는데
감사했다.

슬픔과 함께
눈물도 잠깐
고마운 편지였지만
망설임이 앞섰다.

남편과 아이들이
마침 잠을 잔다.

남편의 손가락

첫눈에 알아봤을까?
결혼 전 약속장소에서 만나
3개월 만에 혼인신고

손등은 거북이 등같이
굳은살이 친정아버지의 손을 보는 듯

뚜렷한 얼굴
나보다 조금 더 큰 키

성품은 겸손
꼼꼼하고 세심함

다른 조건을 보진 않았다.

남편의 새끼손가락이
꼭 친정아버지의 새끼손가락을
닮은 성실함이
전부였다.

추억

사랑은 물
추억은 기름

물은 아래에
추억은 위에

추억은 화려한 색깔로
다가와 마음에 번지고

슬플 때 모아지고 다시 흩어지고
하지만 사라지지 않는다.

기쁠 땐 더욱 많이 모였다.
커다란 빛깔이 된다.

다양한 빛깔은 추억이다.

사랑이 슬픈 사랑일 때
기름은 빛깔을 잃고

사랑은 기쁜 사랑, 아름다운 사랑일 때
기름은 그렇게 추억처럼
사랑위에 빛난다.

책과 그림

책에는 글이 많다.
생각을 느리게 한다.
그림은 더 느리게 한다.

지금은 생각의 속도를
조절한다.

그것은 빠르게 변화하는 것에
속도 맞추기

책과 그림은
생각의 속도를
조절하는 데
필요하다.

너는 나를 살핀다.
나는 너를 펼친다.
서로의 마음을 살펴주고
서로의 마음을 이해하고

책은 필요하다.
그림도 그렇다.

시인

인생을 노래하고
마음을 짓고

사랑을 쓰고
진실을 담고

먼 곳을 누리고
깊이를 느끼고

느리고 빠르고
사람을 정의하며

이런 삶이
행복한 사람이 아닐까?

그는 시인이라는
이름으로 산다.

아리랑

한 많은 세상
끈임 없는 빛이
여행을 한다.

그 빛은 음이다.

은하수를 지나는
빛은 빠르고 느리게
돌아보고 지나고

별을 지나고 돌아보고

노래는 별처럼
유성처럼
여행하여

이곳에 머문다.
금수강산에

아리랑 아리랑
아라리요.

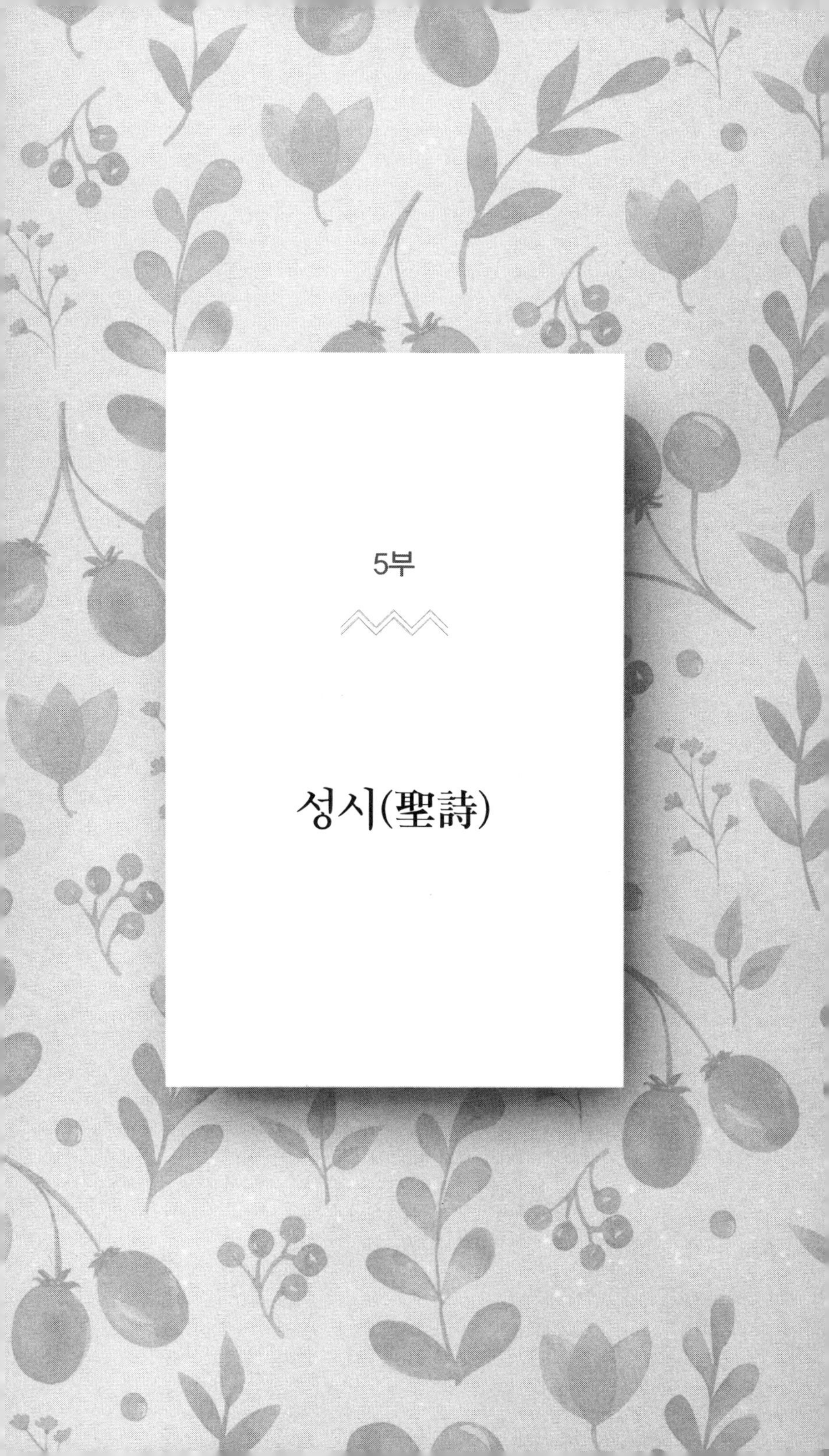

5부

성시(聖詩)

사도 바울

나의 맡겨진 사명
바울과도 같은 사명일까?

나의 허물을 어찌
치료치 않으셨는지
원망하려 했지만

네게 족하다 하시매
순종한 바울처럼

순종하는 삶이
마땅하니.

기도

부르짖는 소리가
천상에 드리우리라.

소리 없이 내리며 반짝이는
은혜의 단비가
가슴 깊이 내리면

감사함으로
눈가에 젖어드는 마알간 이슬이
천사의 두 손에 옮겨져
하늘로, 하늘로 올리운다.

나팔소리 울리면
하늘문이 열리고
응답의 목소리가 내려와
내 맘에 들어온다.

괜찮다, 괜찮다
하는 평안을
선물 받는다.

태양보다 빛난 영광이
나와 함께 하는 날,

천사의 웃음소리

열흘 넘게 집안에서
함께 하는 아기천사
300명

남아, 여아 모습을 하고
신기한 듯
까르르 웃네.
서로 마주 보며 웃고
장난치고

창밖에는 꽃비가 내리고
성도들의 교제를
축복하네.

흰 옷 입은 아기천사
300명은
마루를 뛰어다니고
처마 끝에 매달려 논다.

귀여운 아기천사들은
모든 게 새로워
좋아 웃는다.

천사들이 소리 내어 웃는다.

천국의 열매

화려한 두건을 쓴 한 여인이
꿈에 보였다.

참외만한 수박색의 과일들이
발밑에 숨어있었다.

과일의 이름은 파인애플
천국의 열매 중 하나

푸른빛 과일을 하나
베어물었다.

순간
입안엔 온통 샘물이 한가득 솟아
온몸을 적셨다.

과일 한 번에 얻은 기쁨
생명수.

교회 안에서

권사님!
어째서 빛이 계신 분이
계시고
없는 분도 계시죠?

주여! 주여! 하는 자마다
천국에 갈 수 없다하네.

한 밤중의 약속

아브라함, 이삭, 야곱, 요셉의 자손이라,
내 너에게 복을 주고 또 복을 주겠으니
염려하지 말라.

눈을 떴지만 아무것도 보이지 않고
밝은 곳에서
웅장한 음성만이 들렸다.

머릿속에선 한 밤중의 약속이
떠나질 않았다.

천국과 지옥

이 세상이 천국이요
이 세상이 지옥이요

저 세상이 천국이요
저 세상이 지옥이요

이 세상이 천국처럼
저 세상도 천국일세

빛이 나에게 임하니

하늘의 영광이 임하였네.
이곳 빛이 함께 했다네.
조그만 다락방에서
놀라운 일이 일어났네.

사단, 마귀는 떠나가고
뜨거운 빛이 나를 감싸고

나는 찾았네.
평안을 찾았다네.

빛이 나에게 임하니
주님의 부드러운 음성이 들리고

이 세상과 바꿀 수 없는
평안이 찾아왔네.

주님의 은혜가 오늘에도 임하시네.

이 또한 지나가리라

하늘가는 길에
힘든 일도
축복받은 일도

하늘가는 길에
태풍을 만나는 일도
아름다움에 젖는 일도

솔로몬의 말처럼
지나가리라
이 또한 지나가리라.

맑은 거울

송은주 시집

발 행 일 | 2018년 9월 20일
지 은 이 | 송은주
발 행 인 | 李憲錫
발 행 처 | 오늘의문학사
출판등록 | 제55호(1993년 6월 23일)
주　　소 | 대전광역시 동구 대전로867번길 52(한밭오피스텔 401호)
전화번호 | (042)624-2980
팩시밀리 | (042)628-2983
전자우편 | hs2980@hanmail.net
카　　페 | cafe.daum.net/gljang(문학사랑 글짱들)

공 급 처 | 한국출판협동조합
주문전화 | (070)7119-1752
팩시밀리 | (031)944-8234~6

ISBN 978-89-5669-943-1
값 9,000원

* 이 책은 교보문고에서 eBook(전자책)으로 제작하여 판매합니다.
* 잘못 제작된 책은 바꾸어 드립니다.